I0382694

www.ingramcontent.com/pod-product-compliance
Lightning Source LLC
Chambersburg PA
CBHW071352080526
44587CB00017B/3079
9781732830035

بسم الله الرحمن الرحيم

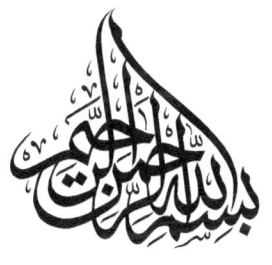

مہک ہے مجھ میں میرے ہی وطن کی
اسی کی خاک سے گوندھا گیا ہوں

شہرِ جاناں

ڈاکٹر حبیب خان

First Paperback Edition:	November 2020
Book Name:	Shehre Janaan
Category:	Poetry
Language:	Urdu
Poet:	Dr. Habib Khan
	khangeeh64@gmail.com
Title Cover:	M. Ishaq Asad
Publisher:	Andaaz Publications
	4616 E Jaeger Rd
	Phoenix, AZ 85050 USA
Email:	admin@andaazpublications.com

No part of this book may be reproduced in any written, electronic, recording, or photocopying without written permission of the publisher or author. The exception would be in the case of brief quotations embodied in the critical articles or reviews and pages where permission is specifically granted by the publisher or author.

Copyright © 2020 Andaaz Publications
All rights reserved

ISBN: 978-1-7328300-3-5

انتساب
میرے شہر کراچی کے نام

جب تک یزیدیت مِرے شہروں میں عام ہے
کرتا رہے گا یاد زمانہ حسین کو

ترتیب

پیش لفظ	11
میری جان کراچی	13
صدائے عمرِ رفتہ	16
ہجر مقدّس ہے	19
کراچی	21
نوسٹیلجیا	22
ہارسنگھار	26
حبیبین کلاس اٹھتر	28
ڈی جے والوں کے نام	33
ڈی ایم سی	35
دُعا والے ہاتھ	39
امّی کی یاد میں	41
اپنی بہنوں کے نام	43
میرا بھائی	45
اپنے بیٹے مصعب کے نام	48
جنم دن	50
محرمِ جاں	52
رفاقت کی چاہ	54
مجھے تم سے محبّت ہے	57
اکھیوں کو رہنے دے	59
دوستی	61
ایچ ون	62
آدھی صدی	67
ہم جماعتوں کے نام	68

70	میرا ماضی میرا یار
72	احساس
73	جبر و قدر
74	ایک آس ایک سپنا
75	ایک شبیہ سرابوں جیسی
77	دوریاں مجبوریاں
82	اپنا محلّہ
84	نہیں تم بن رہنا
86	کوئی یہ کیسے بتائے
87	بے اختیاری
88	ہم زاد کا دُکھ
89	منّت
90	پرانی یادیں
91	پُرانے خط
92	گجرے
93	بے وجہ
94	محبّت کا خدا
96	مدَرز ڈے
97	شبِ قدر
98	چاند رات
99	عید
100	کرسمس وِش
101	کڑوا چوتھ
103	نیا سال
105	تماشہ تب شروع ہو گا
108	شہرِ نابینا

110	نویدِ صبح
113	دیس جلتا رہا
115	یادگارِ شہدا۔ ۶ ستمبر ۱۹۶۵
117	ایک اور اُداس عید
118	اُس دیس کا اللہ حافظ ہو
123	ننھے جانباز
124	گردشِ دوراں
126	بیروت کا دکھ
129	لاہور والوں کے نام
131	لکھو
132	دیس سے جانے والے سُن

زندہ ہوں میں کہ سانس کا رشتہ بحال ہے
لیکن تمہارے بعد یہ دنیا بدل گئی

پیش لفظ

کسی بھی انسان کی شخصیت اُس کے گھر، محلے اور اُس کی درسگاہوں کی عکاس ہوتی ہے۔ اور ان سب کے مجموعے کا نام ہے شہرِ جاناں جو میری زندگی کے ان تمام رنگوں کا عکاس ہے جن کے بغیر میرا تشخص میری پہچان ممکن نہیں۔ میرا ماننا ہے کے اللہ نے ہر انسان کو کسی نہ کسی خاص وصف سے نوازا ہے جس کو بروئے کار لاتے ہوئے وہ اپنے جذبات اور احساسات کی بہتر ترجمانی کر سکتا ہے، خواہ وہ شاعری ہو، نثر نگاری، پینٹنگ یا پھر کوئی اور ودیعت کردہ خوبی۔ اپنی ذات کی شناخت کے کسی مرحلے پر کہیں مجھے ایسا محسوس ہُوا کہ شاید میں قلم کے ذریعے اپنی ذات کا اظہار کر سکتا ہوں، رہی سہی کسر احباب کی ستائش اور حوصلہ افزائی نے پوری کر دی۔ اس شوق کی بنیاد تو شاید دادی جان نے ڈال دی تھی، غضب کا مطالعہ تھا اُن کا۔ تقسیمِ ہند سے پہلے کا شوق مرتے دم تک جاری رہا۔ جہاں تک مجھے یاد ہے چھوٹے چچا اور میاں چچا کو کہتی رہتی تھیں، ''ارے اگر صدر جانا ہو تو کوئی نئی کتاب لیتے آنا اب تو بچے، یعنی مجھے، کو ساری کہانیاں زبانی یاد ہو گئی ہیں۔ وہ آل انڈیا ریڈیو اور ریڈیو سیلون باقاعدگی سے سنتی تھیں۔ گنگنانے کا شوق نہیں تھا لیکن موقع محل کی نسبت سے شعر ضرور پڑھتی تھیں۔ مجھے پہلا شعر اُنہی کی گود میں یاد ہوا جب کہ اُس کا مطلب بھی نہیں آتا تھا۔ وہ جب ناراض ہوتیں تو کہتیں، ''منتیں کر کر کے تیری عادت بگاڑ دی، دانستہ ہم نے تجھ کو ستمگر بنا دیا''۔ اور جب کبھی میں ستمگر کو ستمبر پڑھتا تو بہت لطف اندوز ہوتیں۔

امّی کو شاعری سے اتنا لگاؤ نہ تھا، آخر حساب کی اُستانی تھیں، لیکن جب صبح، ''اُٹھو سونے والو کہ میں آ رہی ہوں''، گنگنا کر ہمیں اُٹھاتیں تو بڑا اچھا لگتا۔ ''اُٹھو بیٹا آنکھیں کھولو'' اور ''دور بہت ہی دور یہاں سے'' امّی ہی سے سُن سُن کے یاد ہوئیں۔

والد صاحب کا شوق تو دادا حضور کی خواہش کی نذر ہو گیا اور وہ انجینئر بن گئے۔ سُنا ہے وہ بھی مشقِ سخن کیا کرتے تھے لیکن جاری نہ رکھ سکے۔ والد صاحب بہت خوش الحان تھے اور حلقہء احباب میں اپنی خوش الحانی کے جوہر دکھاتے رہتے تھے۔ مجھے یاد ہے خمار (انصاری) انکل کا کلام بارہا پڑھتے اور بعد میں اُس کو ریکارڈ بھی کر لیا کرتے۔ شام ڈھلے جب ترنگ میں ہوتے تو اکثر پہلو میں لٹا کر ''میرے دل کی گھڑی کرے ٹک ٹک''، گنگناتے۔ جبکہ میاں چچا نے کالج کے زمانے میں نام بدل کے تھوڑا بہت شوق پورا کیا مگر پھر کیمسٹری کے پروفیسر بن گئے۔ ہاں البتہ اہلِ ادب سے وابستگی ضرور رکھی۔ پروین شاکر سے تعارف بھی اُنہی نے کروایا۔ اُس زمانے میں دونوں شپ اونرز کالج میں لیکچرار تھے۔ ہم والد صاحب یا میاں چچا کے کلام سے مستفید تو نہ ہو سکے لیکن مصعب اور فاطمہ کی انگریزی میں شاعرانہ صلاحیتیں دیکھتے ہوئے سوچا کہ ہم اگر کچھ لنترانی کر سکے تو شاید خاندان میں ریختہ گوئی کی آخری کاوش ہو گی۔ تو یہ مختصر سی روداد تھی ''شہرِ جاناں'' کے وجود میں آنے کی۔

حبیب خان۔ ایم ڈی
فینکس ایریزونا

میری جان کراچی

کراچی مختلف موسموں کا شہر ہے اور ہر موسم کے اپنے اپنے رنگ اور اپنی اپنی سوغات۔ گرمی کا موسم ہو تو سخت گرمی میں گولہ گنڈا، گنّے کا رس، فالسے کا شربت اور قلفی والے کی ربر کے چھلے والی ملائی قلفی جہاں گرمی کی شدّت کو نہ صرف کم کرتیں، بلکہ گرم موسم میں زندگی کا ایسا رنگ بھر دیتی تھیں کہ آج بھی زبان اُنہی چٹخاروں سے بہ خوبی آشنا ہے۔ اور پھر شام ڈھلے سمندر کی ہوا سارے دن کی تھکن اُتار دیتی تھی۔ لڑکے بالے چھتوں پہ اور دیگر اہلِ خانہ آنگن میں اُس کا لطف اُٹھایا کرتے۔ آنگن کی بیٹھک کے اپنے آداب ہوا کرتے تھے جبکہ چھتوں پہ سارا سال چاند دیکھنے کی مشق جاری رہا کرتی۔ سردیوں کے آتے آتے بڑے صندوق سے لحاف نکل آتے جنہیں جاڑوں کے ختم ہوتے ہی حفاظت کے ساتھ فنائل کی گولیاں ڈال کے اُسی صندوق میں بند کر دیا جاتا۔ لحافوں کو باہر نکال کے دھوپ لگائی جاتی اور سردیوں میں ان میں گھس گھس کر چلغوزے، مونگ پھلی اور گجک کھائی جاتی۔ اور اُس دن تو عید ہو جاتی جس دن چمچے سے پھینٹی ہوئی جھاگ والی گرم گرم کافی بھی مل جاتی۔ سینے پہ انڈے کے تیل کی مالش، نانی اور دادی جان کے ہاتھوں بنے ہوئے سینہ بند سوئیٹرز، کہ ہوا نہ لگ جائے، آج بھی یاد آتے ہیں۔ اُس وقت تو خیر بڑی جھنجلاہٹ ہوتی تھی مگر آج اُس تصوّر سے لبوں پہ مسکراہٹ آجاتی ہے۔ جہاں مفلر کا لینا اچھے ذوق کی علامت سمجھا جاتا تھا، وہیں اُس کا استعمال سردی میں کان بھی گرم رکھتا تھا۔ خیر لہو گرم رکھنے کے تو ہزاروں بہانے اور بھی تھے۔

سردیوں میں صبح صبح چائے سے اُٹھنے والی بھاپ اور باہر بس اسٹاپ کی جانب قدم بڑھاتے گرمائش کے لیے دونوں ہاتھوں کو آپس میں رگڑنا اور سانس اندر لے کر منہ سے بھاپ نکالنے کا الگ ہی مزہ تھا۔ دوپہر میں سیاہ مرچ کے ساتھ صحن میں بیٹھ کر کینو کھانے سے لے کر، گاجر کا حلوہ، ادرک والی چائے اور رات کو چکن کورن سوپ والے سے سوپ لے کر اوپر سے چکن کی بوٹی نہ ڈالنے پر جھگڑا کرنا، لگتا ہے کل کی بات ہو۔ صبح نہار منہ ایک چمچہ دکنی مرچ اور مصری کا کُٹا ہوا سفوف اور ایک چمچہ چھوٹی مکھی کا شہد، امی کے ٹوٹکوں میں سے ایک خاص ٹوٹکا تھا۔ آج بھی کھانسی اُسی ٹوٹکے سے ہی جاتی ہے۔ والد صاحب سردیوں میں پائے اور گرمیوں میں آم کی دعوت ضرور کرتے تھے۔ دونوں کے بارے میں ہمارے یہاں کہاوت تھی کہ اگر پائے اور آم کھائے اور ہاتھ خراب نہیں ہوئے تو سمجھو آپ کو پائے اور آم کھانے کی تمیز نہیں۔ سردیوں میں تِلوں کے تیل کے ساتھ اُرد کی دال کی کھچڑی کا ناشتہ، برسوں پُرانی رام پور کی روایت تھی۔ والد صاحب خود اپنے سامنے کوہلو سے تیل نکلوا کے لاتے۔ جب سے اُن کو دل کا دورہ پڑا کھانے پینے کے سارے شوق ختم ہوگئے۔ ایسا پرہیز بھی کم ہی لوگوں کو کرتے دیکھا جیسا انھوں نے اپنے لیے خود تجویز کیا۔

ہمارے زمانے میں کراچی میں برسات کا ایسا قحط نہیں تھا جیسا کے اب ہے۔ برسات کے موسم میں خوب بھیگنا اور اس کے بعد گرم گرم چائے اور پکوڑے برسات کا مزہ دوبالا کر دیتے تھے۔ اب نہ تو وہ برساتیں رہیں اور نہ ہی وہ جذبات۔ من اگر کبھی مچلنا بھی چاہے تو دماغ تھپک کے سُلا دیتا ہے۔ ویسے تو کراچی کے موسم آتے جاتے رہتے ہیں لیکن ایک موسم ایسا بھی ہے کہ جس کی بہار ہمیشہ قائم رہتی ہے۔ اور یہی وہ موسم ہے جو بار بار کھینچ کے کراچی لے جاتا ہے، یعنی دلوں کا موسم۔ اس میں پیار کی خوشبو بھی ہے تو دوستی کی قوسِ قزح بھی، تمنا کے سراب بھی ہیں تو آسودگی کی شبنم بھی، چاہت کی کھٹاس بھی ہے تو عاشقی کی مٹھاس بھی، آوارگی کا جنوں بھی ہے تو خودسپردگی کی معراج بھی۔ کراچی بھی عجیب مہمان نواز شہر ہے کہ اپنی آغوش میں ہر کس و ناکس کو سمیٹے

ہوئے ہے، بالکل مائی کلاچی کی ممتا بھری آغوش کی طرح جس نے وادئ مہران و بولان کو یکجا کر کے اس عظیم شہر کی بنیاد رکھی تھی۔ شاید خود مائی کلاچی کو بھی یہ گمان نہ ہو گا کہ اُس کے پیار کی خوشبو کہاں تک جا پہنچے گی، بالکل ماں کی ممتا کی طرح۔ ممتا جو اپنے سارے بچوں کے لیے یکساں ہوتی ہے جس میں کسی کے لیے کوئی تفریق نہیں ہوتی۔ بالکل اسی طرح کراچی کی گود میں پلنے والے ہر منصب، مذہب، رنگ اور نسل کے لوگ آج بھی کراچی کو اپنی ماں سمجھتے ہیں، چاہے وہ دنیا کے کسی کونے میں جا بسے ہوں۔ کراچی کے پیار کی خوشبو اُن کو ہمیشہ کھینچ کے لاتی رہے گی۔ ایسے ہی جیسے میں آج یہاں ہزاروں میل دور ایریزونا کے ایک قصبے گلبرٹ میں بیٹھ کر بھی یہ خوشبو محسوس کر سکتا ہوں۔ یوں لگتا ہے جیسے کہ مائی کلاچی کی ممتا میرا احصار کیے ہوئے ہے۔

حبیب خان۔ ایم ڈی
فینکس ایریزونا

صدائے عمرِ رفتہ

ڈاکٹر حبیب خان پاکستان سے امریکہ نقل مکانی کرنے والے اُس قبیلے سے تعلق رکھتے ہیں جو ایک بہتر مستقبل کی تلاش میں اپنے تعلق داروں، اپنے شہروں، اپنے وطن اور اُس میں بسی محبتوں سے بچھڑ تو جاتے ہیں لیکن وطن کی مٹی کی خوشبو اُن سے کبھی جدا نہیں ہوتی۔

دیارِ غیر کو اپنانے والوں کا یہی المیہ ہے کہ سانس تو وہ تازہ فضاؤں میں لیتے ہیں لیکن اُن کی یادوں میں اپنے دیس کے موسم اور وہاں کی مٹی کی خوشبو بسی رہتی ہے۔ بدن امریکہ میں ہوتا ہے لیکن روح پاکستان میں۔ نئے دیس کی مشینی اور مصروف زندگی میں وقت گزرتا چلا جاتا ہے۔ وقتاً فوقتاً جب گئے دنوں کی یاد آتی ہے تو بے لوث رشتوں اور سچی محبتوں کی یادیں اُنہیں تڑپاتی ہیں۔ اور گئے زمانوں کو یاد کرنے والا اگر تخلیق کار بھی ہو تو یہ یادیں اظہار کی راہ پا لیتی ہیں اور قرطاس کے سینے پر محفوظ ہو جاتی ہیں۔

ڈاکٹر حبیب خان مسیحائی کے ساتھ ایک بہت اچھے شاعر بھی ہیں۔ شاعری جیسا کہ ہم جانتے ہیں، اظہار کے مختلف وسیلوں میں سے ایک ہے اور ہم یہ بھی جانتے ہیں کہ ایک تخلیق کار کی شاعری اُس کے انسانی وجود کا اظہار یہ ہوا کرتی ہے۔

ڈاکٹر حبیب کا یہ شعری مجموعہ نظموں پر مشتمل ہے۔ یہ نظمیں اُن کے ذاتی تجربات اور خوشگوار یادوں کو شاعرانہ رنگ دیتی ہیں۔ یہ کہنا غلط نہ ہو گا کہ ڈاکٹر حبیب کی شاعری زندگی کے گزرے ہوئے لمحوں اور خوشگوار یادوں کو حقیقت سے قریب تر دیکھنے کی ایک خواہش ہے۔ وہ باربار اپنے حال کی کھڑکیوں سے، ماضی کے آنگنوں میں جھانکتے اور اپنی کھوئی ہوئی تہذیب کے نقوش تلاش کرتے نظر آتے ہیں۔

کراچی شہر سے وابستہ لڑکپن کی یادیں، وہاں کی تہذیبی اور ثقافتی زندگی کے مسحور کُن مناظر اُنہیں بے تاب اور مضطرب رکھتے ہیں اور وہ بے اختیار کہتے نظر آتے ہیں۔

کراچی شہر! میری زندگانی
ہے تجھ سے میرے جیون کی کہانی

نئے دیس کی روشن فضاؤں میں بیٹھ کر جب وہ گئے دنوں کو یاد کرتے ہیں تو کچی عمر کے وہ تمام رشتے، وہ تعلقات، بے فکری کے زمانے، بے لوث دوستیاں اور سچی محبتوں کے نیلے پیلے، اودھے، دھانی رنگ اُن کے دل کو ایک عجیب قسم کے اضطراب کی کیفیت سے دوچار کرتے ہیں۔ پُرانے دوستوں کی یادیں، دل میں ہل چل مچاتی ہیں۔ ماں باپ، بہن بھائی اور اُن رشتوں کی مٹھاس کا امرت دل سے ہوتا ہوا، آنکھوں میں اُتر آتا ہے۔

آنگن چھوٹا سا، چاہت بڑی تھی
چھوٹی تھی کٹیا، راحت بڑی تھی

والد کی یاد آتی ہے تو بے اختیار دل سے آواز نکلتی ہے۔

وہ تو بچوں کی محبت کا خدا ہوتا ہے
باپ کا رشتہ زمانے سے جُدا ہوتا ہے

والدہ کی یاد تڑپاتی ہے تو دل پکار اُٹھتا ہے۔

ماں سے بڑھ کر بھلا کون غم خوار ہے
یہ وہ دولت ہے جو ربّ کا شہکار ہے
ماں کی ممتا تو بھگوان کا روپ ہے
ماں کا مطلب فقط پیار ہی پیار ہے

ڈاکٹر حبیب کی شاعری اُن کا سچ ہے جس میں بلا تصرف اُنہوں نے حقیقت کی سچی تصویر پیش کی ہے۔ ایسی تصویر جس کے رنگ جاندار اور اُن کے اپنے بنائے ہوئے نقوش پر مشتمل ہے۔

تاشی ظہیر
اُردو اکیڈمی۔ نارتھ امریکہ

ہجر مقدّس ہے

ہجر مقدّس ہے۔ ہجرت جو آقائے نامدار محمدؐ مصطفیٰ صَلَّی اللّٰہُ عَلَیْہِ وَسَلَّم نے فرمائی۔ ہجرت جو ہمارے بزرگوں نے خاک اور خون کا دریا عبور کر کے کی جس میں لاکھوں جانیں رزقِ خاک ہوئیں۔ بعد ازاں، ہجرت کرنے والوں کی اولادوں نے بہتر مستقبل کی خاطر نقل مکانی کی اور اپنے گلی کوچے، درسگاہیں، دوست احباب، بہن بھائی سب کو چھوڑ کر ایک نئے دیس کو اپنا وطن بنایا۔ لیکن وہ ہجرت ہو کہ نقل مکانی، انسان کی ذات کا بہت کچھ اُس سے بچھڑ جاتا ہے جو اُس کی مکانی دسترس سے دور ہوتا ہے۔ مگر انسان کا ذہن ان فاصلوں اور حدوں کا محتاج نہیں۔ یہ پل بھر میں یادوں کی کتاب ہماری آنکھوں کے سامنے کھول دیتا ہے اور ہم اپنی زندگی کے جس ورق کو چاہیں پلٹ سکتے ہیں۔ ہم یادوں کی کتاب میں جھانک کر ماں کی مسکراہٹ، باپ کا شفقت آمیز رویہ، بہنوں کا پیار، بھائی کے ساتھ تپتی دوپہر میں نیم کی شاخوں پر جھولنا، دوستوں کا یارانہ، اساتذہ کی تربیت، بزرگوں کا سلام کے جواب میں دعا دینا اور بہت کچھ دیکھ سکتے ہیں۔ جہاں یادِ ماضی کو عذاب گردانا جاتا ہے، وہیں یہ ہماری نقل مکانی کے زہر کا تریاق بھی بنتی ہے۔

حبیب کی منظومات کا مطالعہ کرتے ہوئے میں بارہا اپنے، شہر جاناں، کراچی کے گلی کوچوں میں جا پہنچا۔ میں نے اُس کی نظم پڑھتے ہوئے اپنی پیٹھ پر کرِچ کی گیند

پڑتے ہوئے محسوس کی۔ ایک عرصے بعد میں کراچی کی بارشوں میں بھیگا۔ مجھے اپنے شہر کے پکوانوں کا ذائقہ اپنے لبوں پر محسوس ہوا۔ حبیب کی نظمیں میرا ہاتھ پکڑ کر دیر تک اسکول، کالج، میدانوں اور چھتوں کی سیر کراتی رہیں اور میں گئے دنوں کی خوبصورت یادوں کا رس اپنی آنکھوں اور سماعتوں میں محسوس کرتا رہا۔ خوش قسمت ہیں وہ لوگ جو ایک خوبصورت ماضی رکھتے ہیں اور حبیب بلاشبہ اُن لوگوں میں شامل ہے۔

دلِ گداز عطیہء خداوندی ہے، جو وہ کسی کسی کو بخشتا ہے۔ حبیب اس گوہرِ نایاب کو اپنے سینے میں اوروں کے لیے دھڑکتا ہوا محسوس کرتا ہے۔ اُس کی نظموں میں آپ کو سماجی ناانصافی کی چیخ واضع طور پر سُنائی دے گی۔ وہ بے حس و غاصب حکمرانوں کو للکارتا ہوا دِکھائی دیتا ہے۔ دہشت گردی کا نشانہ بننے والے لہو میں تر معصوم جسم اُسے خون آلود نظمیں لکھنے پر مجبور کرتے ہیں اور وہ ایسا کیوں نہ کرے کہ اُس پر اپنے دور کے مورّخ ہونے کی اخلاقی ذمہ داری جو عائد ہے۔

حبیب کی نثری، آزاد اور پابند نظمیں آپ کا ہاتھ تھام کر آپ کو اپنے ماضی کے دروازے تک لے جائیں گی جہاں سے آپ اپنے چاہنے والوں اور ماضی کی بھول بھلیوں میں کھو جائیں گے۔ حبیب کا ایک شعر آپ کے ذوقِ سماعت کی نذر کرتا چلوں۔

مہک ہے مجھ میں میرے ہی وطن کی
اسی کی خاک سے گوندھا گیا ہوں

فیاض الدین صائب
فینکس، ایریزونا

کراچی

کراچی شہر میری زندگانی
ہے تجھ سے میرے جیون کی کہانی

کبھی تُو روشنی کا تھا خزینہ
مگر ہے آج کل بجلی نہ پانی

جہاں ہر رات اک میلہ سا لگتا
اندھیروں کی وہاں ہے حکمرانی

جہاں سایہ ملا کرتا تھا سب کو
نہیں رکھتے وہاں کے لوگ معنی

کراچی میں حبیبؔ اک نام کا تھا
ہوئے وہ دن تو پریوں کی کہانی

نوسٹیلجیا

آنگن چھوٹا سا چاہت بڑی تھی
چھوٹی تھی کٹیا، راحت بڑی تھی
چھوٹی چھوٹی خوشیاں اور چاہتیں
بچپن کی ہر ساعت بڑی تھی
پہل دوج اور کھو کھو کی ہاتھا پائی
یاد آتا ہے وہ کوڑا جمال شاہی
کبھی چیل اور کوّے اُڑانا
کبھی کاغذ کی کشتی چلانا
کتنا اچھا تھا وہ بچپن کا زمانہ

چھتوں پر دوڑنا اور چھجّوں سے لٹکنا
کبھی لنگڑی پالے میں گرنا سمبھلنا
عجب تھا وہ آنکھ مچولی کا کھیل
ابھی تھی کُٹّی اور ابھی ہے میل
کبھی چور سپاہی، کبھی چھپن چھپائی
کبھی پٹھو باری اور کمر کی سکائی
چھوٹی تھیں خوشیاں چاہت بڑی تھی
بچپن میں دوستی اور رفاقت بڑی تھی
آنگن چھوٹا سا چاہت بڑی تھی
چھوٹی تھی کٹیا، راحت بڑی تھی

گلی اور محلّے کا زمانہ بھی آیا
سب پہ گویا اک جنوں سا چھایا
کرکٹ کا شوق یوں سب کو چڑایا
اک جذبہ و جنوں تھا سب پہ طاری
چودہ پندرہ ہوتے تھے ٹیم کے کھلاڑی
بال پہ پہلے ٹیپ چڑھایا

فنگر سے پھر اُسے گھمایا
کسی نے کیا ڈانس وکٹ پہ
کسی نے بڑھ کے چھکا لگایا
میچ فکسنگ کا زمانہ نہ تھا
امپائر، شریف گنا جاتا نہ تھا
پہلی بال ہوتی تھی ٹرائی
اسی بات پہ ہو جاتی تھی اکثر لڑائی
محلے کی گلیوں میں حرارت بڑی تھی
آنگن چھوٹا سا چاہت بڑی تھی
چھوٹی تھی کٹیا، راحت بڑی تھی

اُس زمانے میں عشق کا بھی وہم تھا
ہر اک اپنے بارے میں خوش فہم تھا
ایس ایم ایس کا زمانہ نہیں تھا
خط کا مضمون کسی کو آتا نہیں تھا
چھتوں پہ جا کے کبوتر اُڑانا
یا پھر پتنگوں کے پیچ لڑانا

دیدار کرنے کا تھا اک بہانہ
اُونچی آواز میں گانے لگانا
خود کم سننا اوروں کو سنانا
یاد ہے اب بھی مجھے وہ زمانہ
دِلوں کے بیچ ایسے فاصلے نہ تھے
یک طرفہ محبتوں کے اشارے نہ تھے
نظر سے نظر کی حکایت بڑی تھی
آنگن چھوٹا سا چاہت بڑی تھی
چھوٹی تھی کٹیا، راحت بڑی تھی

ہار سنگھار

دوست کی فیس بک پوسٹ پہ
ہار سنگھار اور پھول دیکھ کر
یادوں کی ایک خوبصورت جھڑی لگ گئی
صبح کی آمد اور ہولے سے چلتی ہوئی بادِ نسیم کا
گالوں پر اک لطیف احساس
دل میں انجانی سی خوشی جگا دیتا تھا
پھر اُس پہ آنگن میں بچھی ہوئی
ہار سنگھار کے پھولوں کی سفید اور زرد چادر
اپنے سحر میں کچھ اس طرح جکڑ لیتی تھی

جیسے لمحے وقت کی قید سے آزاد ہو کے
تھم سے گئے ہوں
اور پھر کبھی کبھی آنگن میں لیٹ کر
اُن گرتے ہوئے پھولوں کی چادر میں
چھپنے کی کوشش کرنا

کتنا منفرد تجربہ تھا
پینتالیس سال کے بعد بھی
بچپن کا وہ کھیل
آج بھی دل کو ویسی ہی خوشی دے رہا ہے
یوں لگ رہا ہے جیسے لمحے
پھر وقت کی قید سے آزاد ہو گئے ہیں
اور دل کے نہاں خانوں میں
سویا ہوا بچّہ پھر سے جاگ اُٹھا ہے
ہار سنگھار کا جادو پھر سر چڑھ کے بول رہا ہے

جبیبین کلاس اٹھتر

نہیں ان سے بڑھ کر کوئی
ایک سے ایک شہکار ہے
یعنی اپنے زمانے کا فنکار ہے
چار عشروں سے زیادہ کا یہ ساتھ ہے
پھر بھی لگتا ہے کل کی کوئی بات ہے
سنہ ۷۸ء سے اب تک کی پہچان ہے
عرصہ بیت گیا پر باتیں یاد ہیں
گزرے دنوں کی وہ سوغاتیں یاد ہیں

ہو بس چودھری کی یا زیدی صاحب کی
یا کہ سواری پی ٹی آئی کی
دوستی اپنی ہر جگہ تھی
برائٹ ہو یا وائٹ سب سے تھا دوستانہ
کلاس اور بینچ ہی تھا مگر اپنا ٹھکانہ
اسمبلی سے لیکر بگل بجنے تک
ہوتا تھا روز اک نیا ہنگامہ
روٹین سے سب کام ہوتا تھا
وہی گیمز پیریڈ و لنچ ٹائم ہوتا تھا
پلیج سے ہی صبح کی شروعات ہوتی
صبح ہی صبح پی ٹی آئی سے ملاقات ہوتی
پی ٹی آئی کے رعب کی کیا بات تھی
"نہیں چلے گا سرکار" اُن کی گردان تھی
سیٹی اگر ان کی بج گئی
سمجھو دُڑکی کسی کی لگ گئی
بینڈ ماسٹر کی بھی اپنی شان تھی
دیکھو تو تنکے میں جان تھی

بینڈ میں کلاس کے کئی جوان تھے
فاروق، فاروقی اور فاروق اُن کے نام تھے
(محمّد فاروق ڈپٹی / جاوید فاروقی / عمر فاروق)
بینڈ کی رگڑائی کام آگئی
تینوں کے ہاتھ ٹائی آگئی
تینوں کے درجے بلند ہو گئے
اک ڈپٹی اور دو پریفیکٹ ہو گئے
عمر، عمران، نجم اور مبشّر ہوئے ہاؤس کیپٹن
اور حسن رمزی ہمارے اسکول کیپٹن
قدیر، اِفتی، سدیم و نعیم
رضا، طاہر اور کلیم
پریفیکٹس کی یہ تھی ایک ٹیم
اُٹھ کے جب یہ جاتے تھے
ہو جاتی آدھی کلاس کلین
لنچ اور چھٹّی میں یہی کام آتے
یوں ہم لائن کے چکّر سے بچ جاتے
ہاکی میں اسکول مشہور تھا
حسن (سردار) اور صفدر (عباس) کا دور تھا

کم نہ تھے فرحت اور فاروقی بھی
شاہد زیدی کا پر اپنا انداز تھا
کرکٹ کا بھی تھا بڑا کریز
سلیم کے شاٹ تھے دل آویز
شعیب پہنچ گیا اک لیول اُوپر
اسکول کا پہلا ٹیسٹ کرکٹر
نعمان اور فیصل سوئمنگ میں طاق تھے
میثاق دوڑنے میں مشّاق تھے
حیدر علی ڈائیونگ چیمپئن
میثاق کلاس کا واحد اولمپئن
ڈِبیٹس میں آگے تھے عمران اور امیر
یوسف تھے بزمِ ادب کے سفیر
عبد الباسط نے بھی آ کے دھوم مچائی
یلو ہاؤس کو کوئز چیمپئن شپ ہم نے جتوائی
سدیم تھا باسکٹ بال میں طاق
توفیض جوڈو میں استاد
آفاق، شجی اور ریحان کو تھا بیڈ منٹن کا شوق

فردوس تھا ہم سب میں صاحبِ ذوق
سب اُس کو مانتے تھے گرو
یعنی سب کا وہ گرو گھنٹال تھا
برائٹ یا وائٹ، سب کا ایک ہی حال تھا
ہر کوئی اُس کا مقروضِ حال تھا
زندگی کا اک نیا رُخ دِکھلا گیا
پوری کلاس کو وہ جینا سکھلا گیا

ڈی جے والوں کے نام

ہائے کالج کا اپنے مزہ اور تھا
یعنی اپنی جوانی کا وہ دَور تھا
بنک کر کے کلاسز ہمیں جان سے
کنٹین کچھ زیادہ ہی مرغوب تھا
چائے، پیٹس اُڑانا بہت خوب تھا
این سی سی تو فقط اک بہانہ ہی تھا
ہاں، پرنسیس (سنیما) کے چکّر لگانا ہی تھا

صابری کی نہاری کی کیا بات تھی
تکّے قیصر پہ جا کے اُڑانا ہی تھا
دل کو بھاتی تھی لسّی فقط دلبہار
تھی فریسکو کی برفی کی اپنی بہار
اور کبابوں پہ کرتا وحید اپنا راج
برنس روڈ اپنا رکھتا تھا یکتا مزاج
کرکٹ ہوتی تھی اپنی مگر شام میں
اور کرتے پڑھائی سبھی رات میں
پڑھائی بہت ہی دل و جاں سے کی
ڈاکٹر بننے کی آرزو دل میں تھی
دل سے پڑھنا حبیبؔ اپنا کام آ گیا
یوں ڈی ایم سی میں اک روز نام آ گیا
کیا عجب زندگی میں مقام آ گیا
ایک لمحے میں ہم معتبر ہو گئے
کچھ نہ ہوتے ہوئے باہنر ہو گئے

ڈی ایم سی

ڈی ایم سی جس کا نام ہے
سر ڈاؤ کا کمال ہے
سنہ ء پینتالیس سے آج تک
ڈاؤ کی اک شان ہے
ڈاؤ سے فارغ ہونے کا
اپنا ہی کچھ مقام ہے
خواب ایک اور سچا ہوا
ڈاؤ جانے کا چِر چاہوا
پاؤں زمین پہ ٹکتے نہ تھے

مزاج تھے کہ ملتے نہ تھے

گزرے وقتوں کی ہیں یادیں بہت
یادوں کی ہیں گویا سوغاتیں بہت

اِکاسی سے اَٹھاسی ہوئے سات سال
ہر اک سال کے ہیں قصے ہزار

پریوں کی جیسے کہانی تھی
کیسی عجب زندگانی تھی

سال وہ جانے کہاں کھو گئے
قصّے وہ اب گماں ہو گئے

یاد آتے ہیں اب بھی وہ دن
ڈی ایم سی کے آنگن میں گزرے جو دن

عجب بے فکری کا زمانہ تھا
پڑھائی کا تو صرف بہانہ تھا

قصّے اوروں سے سُن رکھے تھے
خواب کیسے کیسے بُن رکھے تھے

ہر اک تھا راجہ اندر وہاں
پریوں کا گویا بسیرا تھا وہاں

نظارے بڑے بند اس تھے
لڑکے تو جیسے سارے دیو داس تھے
لیکچر میں جی لگتا نہ تھا
لائبریری میں وقت گزرتا نہ تھا
سیڑھیاں آڈیٹوریم کی کیا اچھی جگہ تھی
سب مہ جبینوں کی وہی گزرگاہ تھی
پوائنٹ جانے کا وقت سب سے بھلا تھا
سب کو رخصت کرنے کا اپنا مزہ تھا
سال پہلا تو جھجک میں گزر گیا
جان پہچان کرنے میں گزر گیا
سال دوئم میں شناسائی ہونے لگی
اسٹڈی بھی کمبائنڈ ہونے لگی
پہلے گروپ میں پڑھنے لگے
پھر جوڑیوں میں پڑھائی کرنے لگے
ٹھکانے کچھ بہت خاص تھے
تھے کچھ زمیں پہ
کچھ فلک کے پاس تھے

کسی کو اینا ٹومی لیکچر ہال اچھا لگا
تو کسی کو ہسٹو کا چسکا لگا (ہسٹولاجی لیب)
یم یم ٹری سے بھی ہیں یادیں بہت
لگائیں اُس کے سائے میں گھاتیں بہت
ہر آتے جاتے پہ نظر رکھنا
اور دیکھ کر موقع فقرے بھی کسنا
آج تک وہ یادیں نہیں بھولتیں
اُس چھاؤں کی ملاقاتیں نہیں بھولتیں
اینا ٹومی میوزیم بھی اچّھی جگہ تھی
اپنی پر ایسی قسمت کہاں تھی
سینئرز بھی کچھ ایسے غافل نہ تھے
بڑے بڑے ان میں کامل بھی تھے
لڑکیوں کو ٹولیوں میں پڑھایا کرتے تھے
ہم تو صرف جوتیاں چٹخایا کرتے تھے
پر لڑکیاں اُن کا کیا حشر کرتی تھیں
شابو میاں سب ہم کو سنایا کرتے تھے

دُعا والے ہاتھ (ابّو کی یاد میں)
Inspired by Dr. Waqar Siddiqui

لگتا ہے مجھ کو جیسے
ہو کل کا یہ واقعہ
نہ جانے کیسے سہہ گیا
میں ایسا سانحہ
یوں مجھ سے جدا ہو کر
جو آپ چلے گئے
برسوں سے درد وہ
ہیں دل میں بسے ہوئے

روتا ہے دل آج بھی
آتی ہے جب جب یاد
ڈھونڈتا ہوں میں
وہ دُعا والے ہاتھ
نہ تھے پاس تب بھی
دور کہاں تھے
اب تو رہ گئے بس
یادوں کے سلسلے

ہوئے جدا نظر سے
ہیں اب بھی دل کے پاس
ہے مجھ کو یقین
آپ ہیں یہیں کہیں آس پاس
ہے میری سانس جب تک
رہے گی یہ آنچ تب تک

امّی کی یاد میں

گزر گیا ہے سمے دل نڈھال اب بھی ہے
بچھڑ کے تجھ سے مجھے اک ملال اب بھی ہے
مگر تُو آج بھی آنکھوں میں میری ہے موجود
رکھے گی ہاتھ مِرے سر پہ اور دُعا دے گی
تِرے بغیر مکمل دُعا نہیں ہوتی
اگرچہ دل سے حقیقت یہ وا نہیں ہوتی
کہ ماں تو بچوں سے بالکل خفا نہیں ہوتی

نہ تیرے بعد میں سویا ہوں چین سے اک پَل
میں چاہتے ہوئے رویا نہیں ہوں پَل دو پَل
خلش یہ سینے سے میرے جُدا نہیں ہوتی
اگرچہ دل سے حقیقت یہ وا نہیں ہوتی
کہ ماں تو بچوں سے بالکل خفا نہیں ہوتی

اُداس دیکھ کے دل سے لگائے گی مُجھ کو
تھپک کے پیار سے لوری سُنائے گی مُجھ کو
یہ کیفیت مِری مجھ سے جُدا نہیں ہوتی
اگرچہ دل سے حقیقت یہ وا نہیں ہوتی
کہ ماں تو بچوں سے بالکل خفا نہیں ہوتی

اپنی بہنوں کے نام

ماں کی تصویر ہیں، میری توقیر ہیں
گرم موسم میں ٹھنڈک کی تاثیر ہیں
دوست کی طرح یہ جاں سے پیاری مجھے
میری بہنیں نہیں میری اکسیر ہیں

ربّ نے ان کو بنایا بڑی چاہ سے
میرے دل میں بسایا بڑی چاہ سے
یہ کبھی ماں کی، بیٹی کی تصویر ہیں
یہ کڑے وقت میں میری تدبیر ہیں

ماں کا سایہ اُٹھا اور خلا رہ گیا
زندگی گم ہوئی خواب سارہ گیا
میری ہمّت کی یہ ایک شمشیر ہیں
تیرہ راہوں میں میری یہ تنویر ہیں

میرا بھائی

دوست میرا ہے، میرا ماں جایا
زندگی کا حسین سرمایہ
جس گھڑی وہ جہان میں آیا
سنگ خوشیاں ہزار بھی لایا
دو ستمبر کی شام تھی گویا
اک خوشی کا پیام تھی گویا
رشتے کیسے نبھائے جاتے ہیں
دل میں کیسے جگہ بناتے ہیں
خوب اُس کو ہنر یہ آتا ہے
بات خود کو یہ میں نے سمجھائی
سب سے اچھا ہے بس مِرا بھائی

پیار میں ہم جھگڑ بھی جاتے تھے
روٹھتے اور بگڑ بھی جاتے تھے
لوڈو، کیرم کی بازیاں ہوتیں
تاش پر بھی لڑائیاں ہوتیں
ختم ہوا کھیل اور لڑائی
سب سے اچھا ہے بس مِرا بھائی

پل میں لگتا ہے وقت بیت گیا
ہاں یہ کمبخت ہم سے جیت گیا
زندگی نے لی ایک انگڑائی
اور تعلیم سر پہ چڑھ آئی
سب سے اچھا ہے بس مِرا بھائی

کروٹیں خوب لیں زمانے نے
زندگی کا سفر گھمانے میں
علم سے ہو گئے وہ بہرہ ور
"ٹنگو" بھی ہو گئے تھے قد آور
پی۔ایچ۔ڈی میں ہوئی سگائی
سب سے اچھا ہے بس مِرا بھائی

ربّ کا میرے بڑا یہ احساں ہے
میرا بھائی مِرا نگہباں ہے
میرے پرکھوں کی ایک پہچاں ہے
ہے اُداسی میں میری شہنائی
سب سے اچھا ہے بس مِرا بھائی

اپنے بیٹے مصعب کے نام

دو فروری کی شام تھی
دو وقت مل رہے تھے
دل میں خوشی کے
پھول کِھل رہے تھے
مجھے یاد ہے اب بھی وہ شام
عجب سا احساس تھا
ایک اک پل محال تھا
وقت گزرتا نہ تھا
دل سنبھلتا نہ تھا
بیٹھنا عذاب تھا

طبیعت میں اضطراب تھا
دل بے چین تھا بیقرار تھا
اک زندگی کو آنا تھا
اور سب کچھ بدل جانا تھا
وہ گھڑی بھی پھر آئی
اب تک ہے نظر میں سمائی
لگتا تھا کہ آسمان سے
ننھا سا اک فرشتہ
بھیجا ہے مجھے خُدا نے
کس زباں سے کروں
شکر میں خُدا کا
بھیج کے ایک شہزادہ
اُس نے میرا رتبہ بڑھا دیا
میرے بیٹے نے جہاں میں آ کے
میر امان بڑھا دیا
مجھے پِتا بنا دیا

جنم دن

اپنی بیٹی، اپنی پری کے نام

سال تھا وہ چھیانوے
اب تک ہے دھیان میں
اک نئی زندگی کو
آنا تھا اس جہان میں
سرجن کا یہ بتانا
ایک پری کو ہے آنا
خوشیوں کا تھا شادیانہ
کٹتا نہیں تھا وقت
نیند آتی نہ تھی
کوئی اور شے

من کو بھاتی نہ تھی
تھا انتظار اس کا
پر وہ کب آئے گی
اپنی ہنسی سے
میرے دل کو لبھائے گی
یوں سب پہ چھا جائے گی
پھر ہوا کچھ ایسے
جو لائی دو کو جیسے
ممتا کا ساتھ چھوڑ
بابا کے پاس آئی
باہوں میں میری آ کے
کچھ ایسے مسکرائی
سارے جہاں کی نعمتیں
چھوٹی لگیں اس پل میں
اک گڑیا اک پری
آ گئی میرے گھر میں

محرمِ جاں

نشّہ عجیب عشق کی رعنائیوں میں تھا
میٹھا سا درد روح کی گہرائیوں میں تھا

اک خواب تھا، خیال تھا اس کی خبر نہیں
چہرہ کسی کا حُسن کی پرچھائیوں میں تھا

یہ دل گناہگار ہوا اُن کے حُسن کا
کیا خوب لطف اُن دِنوں رسوائیوں میں تھا

مجھ کو تو یہ خبر ہی نہ تھی تُو نے کیا کہا
گم ایسا تیرے لہجے کی پروائیوں میں تھا

کیا کیا ہُوا نہ حال دلِ بیقرار کا
کیسا سرور جاں کی شناسائیوں میں تھا

کٹتا نہیں تھا وقت تِری یاد کے بغیر
ایسا خمار پیار کی رعنائیوں میں تھا

آساں نہ تھا حبیبؔ محبّت کا یہ سفر
محرم وہ جاں کا روح کی تنہائیوں میں تھا

رفاقت کی چاہ

عزیز دوست اور بھائی معین مسعود کے ایک خوبصورت سوال کے جواب میں

سوال:

تجھے مل گیا ترا عشق بھی
تجھے مل گیا ترا یار بھی
نہ سہی صعوبتیں دہر کی
نہ تو ہجر کی نہ فراق کی
تو ہے کس مِلن کا یہ انتظار
ہے وہ کون جس کے خیال نے
تجھے دوست شاعر بنا دیا

جواب:

یہ جو چاہتوں کے ہیں سلسلے
کبھی قربتیں کبھی فاصلے
وہ جو چاہو سب تو ملے نہیں
کلی دل کی ہر تو کِھلے نہیں
جسے چاہا گرچہ وہ مل گیا
مجھے ربّ سے کچھ بھی نہیں گلا
مگر انتظار کی وہ گھڑی
جو تھی میرے دل میں گڑی ہوئی
اُسی پھانس نے اُسی یاس نے
مِرا چین مجھ سے جدا کیا
کہ اُسی کا دل میں خیال تھا
کہ ذرا سا لمحہ بھی سال تھا
عجب ہجر تھا، نہ وصال تھا
نہ جواب تھا نہ سوال تھا

سو وہ لمحے جاں میں اُتر گئے
عجب ایک کام وہ کر گئے
سبھی حرف شعر میں ڈھل گئے
مجھے دوست شاعر بنا دیا

مجھے تم سے محبّت ہے

وہ جو میری شریکِ حیات ہے
اس دل کے دھڑکنے کا جواز ہے
محبت کے اس پر پیچ سفر میں
وہی تو ہے جو میری ہمسفر ہے
اک بار تو وہ بھی جرأتِ اظہار کرے
سب کے سامنے کبھی اقرار کرے
میں ہی کیوں ہر بار عشق کا اظہار کروں
کیا نہیں جانتی وہ کہ، میں اُسے پیار کروں
عجیب رشتہ ہے محبت بھی عجیب جذبہ ہے
طبیعت میں اس کی عجیب بچپنا ہے

لفظوں کے سہارے پروان چڑھتی ہے
لمبی ہو عمر جتنی اتنا یہ مچلتی ہے
یقین کی منزلیں یوں ہی طے ہوا کرتی ہیں
کونپلیں دلوں میں یوں ہی پھول ہوا کرتی ہیں
تائیدِ تازہ کی ضرورت اسے ہمیشہ رہتی ہے
پرانی محبتوں کو بھی اقرار کی چاہت رہتی ہے
محبت کو عجب تکرار کی عادت ہے
اقرار کے لفظ سننے کی اک چاہت ہے
چاہت یہ کسی عمر میں گھٹتی نہیں
تکرار کی خُو کبھی مٹتی نہیں
اس دُھن کے آگے پھر ہار جاتے ہیں
اس بار بھی چلو ہم ہی مان جاتے ہیں
چلو پھر آج بھی، ہم ہی کہہ دیتے ہیں
پیار کو یوں لفظوں میں سمو دیتے ہیں
مجھے تم سے محبت ہے
ہاں تم سے محبت ہے
اک صرف تم سے محبت ہے

اکھیوں کو رہنے دے اکھیوں کے آس پاس

چلو آج پھر سے تجدیدِ وفا کرتے ہیں
کوئی پرانا قصّہ پھر سے بیان کرتے ہیں
ساتھ چلتے ہوئے ریت پر دور تک نکل جانا
کبھی پتھروں پہ بیٹھ کے گیت گنگنانا
وہ ہو پانیوں میں چاندنی کا عکس
یا دور آسمان میں جِھل مِل تاروں کا رقص
اک عجب سا احساس دل میں جگا دیتا تھا
لمحوں میں دل صدیوں کے خواب سجا لیتا تھا

یاد ہے اب بھی مجھے سمندر کی لہروں کا کھیل
تمہارے رخسار پہ وہ تھرکتی زلفوں کا کھیل
کراچی کی ہواؤں کی وہ اٹکھیلیاں
کتنے ہی لطیف جذبوں کو ہوا دیتی تھیں
دل آج بھی جنہیں کہنے کو مچل جاتا ہے
کتنے ہی ارمان دل میں جگا دیتی تھیں
بجھتی نہیں آج بھی تیری دید کی پیاس
یہ طرزِ تخیل جگا دیتا ہے کتنے ہی احساس
دور سے بجھتی نہیں دل کی یہ پیاس
"اکھیوں کو رہنے دے اکھیوں کے آس پاس"

دوستی

حقیقی دوست بھی
بر گد کی مثال ہوتے ہیں
جتنا پُرانا، اُتنا ہی قد آور
اور اُتنا ہی سایہ دار

ایچ ون
کلینکل گروپ

گروپ تھا ہمارا کبھی ایچ ون
کہنے کو ایچ تھا، مگر تھا اے ون
گروپ کی اپنی پہچان تھی
منصور مہدی گروپ کی جان تھی
میں، شہزاد طارق اور منصور مہدی
حارث آصف اور صفدر زیدی
عامر بھٹی منور ور ضوان
سجاد اشرف مظہر اور عرفان

شاہد عامر اور نیر صدیقی
سہیل میثاق اور عمران آفریدی (سہیل احمد تربوز)
ہو گئی یوں گنتی پوری
اسٹوڈنٹ ویک نے معجزہ کر دیا
منچلوں کو سبھی اک جگہ کر دیا

مختلف کالجوں سے سبھی آئے تھے
پڑھنے ڈاؤ میں لیکن سبھی آئے تھے
کچھ ہی دن میں یوں شیر و شکر ہو گئے
بھائیوں سے وہ بڑھ کر جگر ہو گئے
بات کچھ ایسی بن گئی
ایچ ون کی گویا بنیاد پڑ گئی
ہونے لگے پھر تماشے رات دن
کلاس سے چھوٹے تو پہنچے کینٹین
ٹک شاپ کے بھی چکر لگایا کرتے تھے
فلریز بھی اکثر جایا کرتے تھے

انٹر کونٹ بھی اپنا ٹھکانہ رہا
بُفے جس کا مشہورِ زمانہ رہا
پھر پی آئی ڈی سی کا پان
اور چینک والی چائے کی دکان
شوق آوارگی کا کچھ کم نہ تھا
یہ اور بات کے جیبوں میں دم نہ تھا

اپنی فکروں سے یوں چھوٹ جاتے تھے ہم
کھانا کھاتے نہ تھے "ٹوٹ" جاتے تھے ہم
کھاتے وقت کوئی سوچتا نہ تھا
ہاتھ کوئی اپنا روکتا نہ تھا
بل کے وقت ہوتی تھی جیب جھڑائی
ڈش واشنگ کی کبھی پھر بھی نوبت نہ آئی
کسی کے پاس نکل آتی تھی بس اتنی رقم
کہ رہ جاتا تھا ڈاکٹری کا بھرم
رات کو ہوتی تھی الگ کاروائی
تھوڑی آوارگی اور تھوڑی پڑھائی

کبھی بوٹ بیسن کے تکّے اُڑائے
دو نیسل کے اکثر کٹاکٹ بھی کھائے
آغا جوس کے کیلے کی کیا بات تھی
ناظم آباد میں ہی صرف اس کی برانچ تھی
گھروں میں بھی بہت تھی اپنی پزیرائی
ٹولیوں میں بٹ کے ہوتی تھی پڑھائی

بلاک اے میں بسیرا تھا کچھ کا
اور کچھ نے ڈالا تھا گزری میں ڈیرا
کیماڑی میں بھی اکثر گزرتیں تھیں شامیں
کبھی پی ای سی ایچ ایس میں گزرتی تھیں شامیں
آپس میں کوئی تکلف نہ تھا
رات بھر بیٹھتے کوئی ہلتا نہ تھا
سب ہی گھروں کی کچھ خصوصیات تھیں
سب ہی گھروں میں اپنی مدارات تھیں
محلوں میں بھی سب جانتے تھے ہمیں
سب ہی خوب پہچانتے تھے ہمیں

ڈی ایم سی میں جو داخلہ ہو گیا
گھروں محلوں میں رتبہ بڑا ہو گیا
کیا دوستی تھی کیا بھائی چارہ تھا
ہر گھر پہ اپنا اجارہ تھا
گزارے جو ساتھ سارے وہ دن یاد ہیں
آج تک وہ سنہرے پل چھِن یاد ہیں

آدھی صدی

لاؤں کہاں سے وقت جو آکے گزر گیا
میں ڈھونڈتا ہوں پھر وہ زمانہ کدھر گیا

روشن ہے چاند اب بھی اُسی چاندنی کے ساتھ
جو دل کے ساتھ تھا وہ ستارہ کدھر گیا

برسوں کا فاصلہ ہے جو میری نظر میں ہے
سوچوں تو پل میں جیسے زمانہ گزر گیا

حیران ہوں کہ آ گئی بالوں میں چاندنی
عمرِ رواں، وہ شخص، وہ چہرہ کدھر گیا

جلتا رہا حبیبؔ زمانے کی دھوپ میں
آدھی صدی کا راستہ پل میں گزر گیا

ہم جماعتوں کے نام
سلور جوبلی ۲۰۱۳

حماقتیں شرارتیں
وہ کیا ہوئیں رفاقتیں
تھی کل کی بات یوں لگے
طویل سب مسافتیں
نہ دل ہی اپنے بس میں ہے
بس ایک پیش و پس میں ہے
یہ زندگی کے داؤ پیچ
کھا گئیں شباہتیں

نہ کل کا ہے کوئی گماں
یہاں پہ ہم ہیں، تم وہاں
سجے گی کیا یہ بزم پھر؟
رہیں گی یہ مدارتیں؟
جو قربتوں کا کھیل ہو
تو فاصلوں کا میل ہو
دلوں کے درمیان بس
یہی تو ہیں روایتیں
یہ سوچتا ہوں اب کی بار
دن بچیں ہیں دو کہ چار
سب کریں جو دل میں ہے
رقم کریں حکایتیں
چلو کہ پھر نہ پا سکیں
گئے دنوں کی قربتیں
وہ کل کی بات، ہاں وہی
اک عمر کی مسافتیں

میرا ماضی میرا یار
اسکول ری یونین ۲۰۱۵

دل کو کتنا انتظار تھا

یوں ہر دم بیقرار تھا

وہ لمحے کتنے امیر تھے

میرے یار میرے قریب تھے

جذبوں کی روانی تھی

سب کی ایک ہی کہانی تھی

دل منتظرِ یار تھا
برسوں کے بعد ملاپ تھا
سینتیس برس کا حساب تھا
لمحے سب یوں بیت گئے
جیسے کہ اک خواب تھا
نہ تھی چہروں پہ تھکن
نہ ہی آنکھوں میں غبار تھا
دل تھا سرشار سب کا
عجب احساسِ جمال تھا

کیوں کر کہوں کہ عذاب ہے
مجھے اپنا بچپن یاد ہے
یہ کیسا عجب سوال ہے
میرا ماضی ہی میرا حال ہے
لڑکپن کا جو یار ہے
بے غرض ہے بے مثال ہے

احساس

جو کبھی کسی نے لکھے نہیں
جو کبھی کسی نے پڑھے نہیں
تِرے پیار میں جو لکھے کبھی
وہی گیت میری اساس ہیں

میری آنکھ کیسے چھلک گئی
میری سانس کیسے اُکھڑ گئی
تجھے پا کے خود کو بھلا دیا
عجب ایک تشنہ سی پیاس ہے

جبر و قدر

کروں دل پہ جبر میں کس طرح
تجھے بھول جاؤں میں کس طرح
ہو جو اس سے بڑھ کے کوئی سزا
سو قبول ہے مِرے ہمنوا

کسی اور سے جو کروں وفا
مِرے ہم نفس میں تِرے سوا
نہ نصیب ہو مجھے پل نیا
کہوں کیا میں اس کے بجُز بتا

تِرے خط، یہ تیری نشانیاں
ہیں بڑھا رہے پریشانیاں
کروں کیوں نہ اشکوں سے نم ذرا
کروں اضطراب میں کم ذرا

ایک آس ایک سپنا

کل رات
ایک سپنا دیکھا
گئے دنوں کی لڑائی کے بعد
دل میں پھر سے
اک امید سی جاگی ہے
کہ شاید
تم پھر سے منانے آ جاؤ
نیم شب کے خواب
سنا ہے
سچے ہوا کرتے ہیں

ایک شبیہ سرابوں جیسی
عزیز دوست ضیاء منصور کی فرمائش پر

باتیں اس کی بہاروں جیسی
آنکھیں شوخ غزالوں جیسی

ہونٹ گلابی گال گلابی
آنکھیں ہیں پیمانوں جیسی

روپ سنہرا ریشمی زلفیں
صورت نرم بہاروں جیسی

ہرنی جیسی چال ہے تیری
اور ہنسی ہے سازوں جیسی

میرے دل میں رہتی ہے وہ
بن کے خوشبو گلابوں جیسی

دیکھو تو ہے دھوپ کنارہ
یا پھر شبیہ سرابوں جیسی

دوریاں مجبوریاں

کیسے مان جاؤں
میں یہ کیسے مان لوں
کہ تیرے میرے درمیان
کوئی رشتہ ہی نہیں

میں یہ کیسے مان لوں
کہ میری سانسوں کا چلنا
اس دل کا مچلنا
آنکھوں میں تیرے سپنے
تجھے پانے کی تمنا
راستہ تیرا تکنا
ہر روز خواب بننا
رات رات بھر جگنا

اور زباں سے کچھ نہ کہنا
یوں ہی گم سم سا رہنا
تیرے لیے نہیں تھا
میں سب کیسے بھول جاؤں

میں یہ کیسے مان لوں
کہ میرے پیار کی کسک
تو نے کبھی محسوں نہیں کی
جس شدّت سے تجھے چاہا
وہ تپش کبھی محسوس نہیں کی
میں نے تیری آنکھوں میں
جلتے دیکھے ہیں
جو دیے اپنے نام کے
وہ کیسے بھول جاؤں
آنکھوں کے اس سچ کو
بھلا کیسے جھٹلاؤں
کیسے مان جاؤں

میں یہ کیسے مان لوں
کہ تیرا وہ نظر چُرانا
وہ زیرِ لب مسکرانا
ایک نام لکھ لکھ کے
اُسے بار بار مٹانا
پھر خود ہی شرما کے
اپنا چہرہ چھپانا
میرے لیے نہیں تھا
یہ کیسے مان جاؤں

میں یہ کیسے مان لوں
کہ مجھے یاد ہے اب تک
تیری آنکھوں کی دھنک
تیری باتوں کی مہک
تیرے ہونٹوں کی ہنسی
تیرے لہجے کی کھنک

تیرے چہرے کی چمک
تیرے دمکتے رخسار
تیری نظروں کی جھجک
تیری سانسوں کی دھمک
وہ لجانا تیرا، اترانا تیرا
سوچ ہی سوچ میں مسکرانا تیرا
کیا وہ سب اک فسانہ تھا
یا کہ سپنا کوئی سہانا تھا

میں یہ کیسے مان لوں
کہ ہمارے تمہارے بیچ
کوئی رشتہ ہی نہیں
کوئی وعدہ نہ سہی
حرفِ سادہ بھی نہیں
مانا کہ دوریاں تھیں
دونوں کی مجبوریاں تھیں

لیکن ایسا تو نہیں تھا
کہ ہم میں پیار نہیں تھا
کوئی اقرار نہیں تھا
آنکھوں آنکھوں میں ہی سہی
باتوں باتوں میں ہی سہی
عہد و پیمان نہ سہی
قول و قرار نہ سہی
دل دھڑکنے کا کوئی تو سبب تھا
کیا نام دوں اس کو تو ہی مجھے بتا
کیا کہوں اس کو اگر یہ پیار نہیں
اس دل پہ مگر میرا اختیار نہیں
میں کیسے مان لوں
میں کیسے بھول جاؤں
بے سبب میرا اضطراب نہیں

اپنا محلّہ

اے۔ بلاک والوں کے نام

آنگن چھوٹا سا چاہت بڑی تھی
چھوٹی تھی کٹیا راحت بڑی تھی

چھوٹی سی خوشیاں چھوٹی سی چاہتیں
بچپن میں دوستی اور رفاقت بڑی تھی

کرکٹ کا میچ ہو یا پٹھو واری
محلے کی گلیوں میں حرارت بڑی تھی

دلوں کے بیچ ایسے فاصلے نہ تھے
نظر کی نظر سے حکایت بڑی تھی

ساون کے جھولے وہ چائے پکوڑے
موسموں میں گندھی چاہت بڑی تھی

چھوٹا سا تھا اپنا محلہ حبیبؔ
جذبوں کی مگر مدارت بڑی تھی

نہیں تم بِن رہنا

مریم کے نام

پیار کرتا ہوں میں
کہنا آساں نہ تھا
اُس سے مشکل یہ تھا
خامشی سے تجھے
چاہنا اور سلگنا ترِی یاد میں
عشق کی آگ کا بھی
کچھ اپنا مزہ ہے
یوں عشق میں سلگنا
بھی تو اک ادا ہے

یاد میں درد سہنا تڑپنا
مگر کچھ نہ کہنا
عبث صرف دیوانہ پن ہی تو ہے
اور پھر ایک دن
خامشی توڑ کر
ہاتھ اُس کا پکڑ کر کہا
اور ممکن نہیں اس طرح
تیرے بِن سانس لینا
کہنا آساں نہ تھا
ہاں مگر کہہ دیا

کوئی یہ کیسے بتائے

وہی قربتوں کے سراب ہیں
وہی فرقتوں کے عذاب ہیں
وہی خواہشوں کے ہیں سلسلے
وہی جاگتے ہوئے خواب ہیں
یہ جو زندگی کا جھمیلہ ہے
تِری یاد کا ہی تو میلہ ہے
اسی زندگی کے جھمیلے میں
مِرا دل تو اب بھی اکیلا ہے

بے اختیاری

تیرا لہجہ جو بدلتا ہے تو آنکھیں میری
اپنی قسمت کی لکیروں سے اُلجھ جاتی ہیں
جو بدلتی ہیں ہر اک پل ترِے لہجے کی طرح
یہ لکیریں بھی مُقدّر کبھی بتلاتی ہیں

ہم زاد کا دکھ

مجھ سے دور جانے والے
تیرے قدموں کی آہٹ
میرے دل میں سنائی دیتی ہے

منّت

نہ جانے کب سے
آسمان سے گرتے ہوئے
تاروں کو دیکھ کر
منتیں مان رہا ہوں
اس آس میں کہ شاید
کبھی کوئی تارہ
تیرے نام کا بھی
میری جھولی میں آن گرے

پرانی یادیں

یادوں کی چادر اوڑھ کے
تمہیں سوچنا کتنا اچھا لگتا ہے
پرانی چاہتیں دل کو
یوں گدگدا جاتی ہیں
جیسے آنگن میں پچھلے پہر
پھیلتی ہوئی رات کی رانی کی خوشبو

پُرانے خط

پرانے خطوں میں
بسی تمہاری خوشبو
نہ جانے کتنے برسوں کی
مسافت کی خبر لائی ہے
پھر یاد آئی ہے

گجرے

کل رات پھر تمہاری یاد آئی
رات کے پچھلے پہر
جب بادلوں کی اور سے
زمین پہ اترتی رو پہلی چاندنی نے
آنگن میں لگے
بیلے کی کلیوں کو گدگدایا
تو چاندنی میں چٹکتی کلیاں
یوں مہک اٹھیں جیسے کبھی
تمہاری کلائیوں پہ بندھے
گجرے مہکا کرتے تھے

بے وجہ

تصوّر کے ورَق پر
آج اک تصویر پھر اُبھری
خیال اک، دل کے دریا کی تہوں سے
پھر سے اُبھرا ہے
جواب بھی سانس لیتا ہے
اور اس کی سانس کی آواز میں
دھڑکن مِرے دل کی
ذرا تھم سی گئی ہے
کہ اس کی بے کلی کو کچھ قرار آئے
بہت مصروفیت میں دل پہ کیسا کام آیا ہے
یوں ہی بے ساختہ تیرا لبوں پر نام آیا ہے

محبّت کا خُدا

فادرز ڈے پر ایک نظم

وہ تو بچوں کی محبت کا خُدا ہوتا ہے
باپ کا رشتہ زمانے سے جُدا ہوتا ہے
یہ وہ رتبہ ہے جو ہر شئے سے بڑا ہوتا ہے

اس کے ہوتے ہوئے کب کون سا دُکھ آیا ہے
اپنی اولاد کے سر پر یہ گھنا سایا ہے
ڈھال بن کر یہ مصیبت میں کھڑا ہوتا ہے
باپ کا رشتہ زمانے سے جُدا ہوتا ہے

زندگی دھوپ کی شدّت سے جھلس جاتی ہے
اور کبھی ناؤ جو منجھدھار میں پھنس جاتی ہے
تب یہ ہمّت کے دلاسوں کا عَصا ہوتا ہے
باپ کا رشتہ زمانے سے جُدا ہوتا ہے

کیسے بھولوں میں وہ ساعت وہ ہدایت اُس کی
اُس کی دانائی، فراست وہ حکایت اُس کی
اُس کے ہونے کا یقیں مُجھ میں بسا ہوتا ہے
باپ کا رشتہ زمانے سے جُدا ہوتا ہے
یہ وہ رتبہ ہے جو ہر شئے سے بڑا ہوتا ہے
باپ بچوں کی محبت کا خُدا ہوتا ہے

مدَرز ڈے

ماں سے بڑھ کر بھلا کون غم خوار ہے
جو بھی مشکل ہو، حل ماں ترا پیار ہے
ماں کی ممتا جہاں بھر میں بکتی نہیں
ماں کی نعمت دوبارہ تو ملتی نہیں
یہ وہ دولت ہے جو ربّ کا شہکار ہے
ماں کے بِن سُونا سُونا یہ سنسار ہے
ماں کے سینے میں اللہ کا نور ہے
ماں کی ممتا تو بھگوان کا روپ ہے
ماں کا مطلب فقط پیار ہی پیار ہے
ماں سے روشن یہ سارا ہی سنسار ہے
ماں کے قدموں تلے سب کو جنّت ملے
خوش نصیبی ہے جو ماں سی نعمت ملے
ماں کا غصہ بھی چاہت کی تصویر ہے
ماں ہی بچّوں کے خوابوں کی تعبیر ہے

شبِ قدر

مانگنے کا سلیقہ دے مُجھ کو خُدا
تیری رحمت کی بارش ہو مُجھ پر سدا
مال و زر کی نہ ہو دل کو خواہش مِرے
میں سہارا بنوں گر جو مفلس گرے
تیرے سجدوں کا جو حق ادا کر سکے
مالک ایسی جبیں تُو مجھے بخش دے
ذہن کو عقل و دانش کا اعجاز دے
دل کو میرے کچھ ایسی ہی پرواز دے
میں جہاں بھی رہوں تُو نظر میں رہے
تُو نظر میں رہے وہ نظر دے مجھے
زندگی کا مِری ایسا انجام ہو
مَوت آئے تو لب پر ترِا نام ہو

چاند رات

عید کا چند دیکھا تو
بے ساختہ
آنسوں رواں ہو گئے
اور بے اختیار لبوں پہ دعا آئی
میرے مالک
اس عید پہ جو میرے پاس نہیں
وہ سب عطا کر دے
میرے شہر کے لوگوں کی
اِس عید کو
خوشیوں سے بھر دے
روٹھے ہوؤں کو منا سکوں میں
ٹوٹے دلوں کو ہنسا سکوں میں
کوئی اپنا کوئی پرایا نہ رہے
ہے دُعا کسی کو شکوہ نہ رہے
اس عید پہ مالک
معجزہ کر دے

عید

عزیزی عارف جعفری کی فرمائش پر

دل کی بیتابی ذرا اور بڑھا کر ملیے
شرم کو آج ذرا آپ ہٹا کر ملیے

ہم بھی مشتاق ہیں دھڑکن کی صدا سُننے کو
آپ اک بار محبّت سے تو آ کر ملیے

چاندنی اور ذرا اور نکھر جائے گی
اپنے رُخ سے ذرا پردہ تو اُٹھا کر ملیے

رسمِ دنیا ہی سہی، خواہ دِکھاوا ہی سہی
آپ ہونٹوں پہ ہنسی اپنے سجا کر ملیے

یوں ہمیشہ کی طرح آج نہ ملیے جاناں
عید کے دن تو گلے ہم کو لگا کر ملیے

کرسمس وِش

جشن کا سا سماں
چار سُو روشنی
جگمگاتا جہاں
دل سے دل مل گئے
سب کے لَب کِھل گئے
اُس مسیحا کا جشن
جس نے جسموں پہ ہاتھوں سے
مرہم رکھا
اُس مسیحائی کی
لاج رکّھے کوئی
اُس کے پیکر میں ڈھلنے کی
بس آرزو
آج رکّھے کوئی

کڑوا چوتھ
Inspired By Dr. Jiya Abbas

اے چاند کس مسلک کا ہے تُو
کیا ہے دھرم تیرا
عید بھی تیری
محرّم بھی تیرا
شروع نیا سال بھی تجھ سے
ہُوا رمضان بھی تیرا
شبِ بارات بھی تیری
تو چوتھ کی رات بھی تیری
کسی کے جذبوں کا تُو ترجمان
تو کسی کی منزل کا نشان
ہے چکور کو تجھ سے عشق
اور تُو خود عشق کی داستان

کہیں چھت پر
کہیں آنگن میں
کبھی لوری میں
کبھی گیتوں میں
کسی کا بھگوان ہے
تو کسی کا ایمان ہے
خوش ہیں سب تجھ سے
کیا غم جو سینے میں داغ ہے
ممتا کا تُو ہے نشاں
تُو ہر مذہب کا چراغ ہے

نیا سال

عقل کہتی ہے
اے نئے برس
تُو کیا مجھے دے سکے گا
کیا میں تجھ سے چاہوں
کوئی نیا آنسو
نیا نشتر، نئی مشکل
یا کہ نئے بسمل
ان کے سوا
میں تجھ میں کیا تلاش کروں
اے نئے سال بتا
کیوں تیرا اعتبار کروں
لیکن پھر دل یہ کہتا ہے

نیا سال ہے
نئی روایتیں رقم کر کے دیکھتے ہیں
چلو اک بار پھر محبّت کر کے دیکھتے ہیں
نیا رنگ زندگی میں بھر کے دیکھتے ہیں
شاید کہ اس بار
نیا سال میرے خوابوں جیسا ہو
جہاں میں صرف امن ہو شانتی ہو
نہ آنسو نہ نالے
نہ پتھر نہ نشتر
نہ مشکل کوئی اور نہ بسمل کوئی
اے کاش
ہو جائے یہ سب اب کی بار

تماشا تب شروع ہو گا

بکھر جائے گا شیرازہ
تماشا تب شروع ہو گا
رہے گا جب نہ کچھ چارہ
تماشا تب شروع ہو گا

گریں گی اور کچھ لاشیں
ستم کچھ اور بھی ہو گا
ابھی مظلوم کی عزّت
سرِ بازار اُترے گی
ابھی ارضِ وطن سینے پہ برچھی اور کھائے گی
ابھی مرتے ہوئے لوگوں کو

تھوڑا اور مرنا ہے
ابھی محکوم لوگوں کو
ذرا کچھ اور ڈرنا ہے
ہر اک سُو ہو گا اندھیارا
تماشا تب شروع ہو گا
بکھر جائیں گے ہم تم جب
تماشا تب شروع ہو گا

کہانی اور اُلجھے گی
نئے کچھ موڑ آئیں گے
نئے کردار آ کریاں
نئے کچھ راگ الاپیں گے
زبانیں بند کر کے
پاؤں میں زنجیر ڈالیں گے
کڑا پہرا
ہمارے دیش کی جنتا پہ ڈالیں گے
بد اندیشوں کا ہم پر راج بھی ہو گا

تماشا کاٹھ کی پُتلی کا
صبح و شام یاں ہو گا
نہ سندھی کوئی پنجابی
نہ پختون و مہاجر یا بلوچی ہی بچے گا
جب ارضِ پاک کے سینے پہ
اک خوناب دریا
شام کی سرخی میں پھیلے گا
تماشا تب شروع ہو گا
بکھر جائے گا شیرازہ
تماشا تب شروع ہو گا

شہرِ نابینا

گونگوں کو شہروں میں بسایا جائے گا
ہونٹوں پر تالوں کو لگایا جائے گا

بینائی اک جُرم ہو شہرِ نا بینا میں
آنکھوں کو اب سیسہ پلایا جائے گا

مسند پر بیٹھے گا جاہل شان سے اب
دانشور سولی پہ چڑھایا جائے گا

ذہن پہ زنجیروں کی آوازیں رکھیں گے
فکر پہ سب کی پہرہ لگایا جائے گا

ایک بھی داغ نہ ہوگا قاتل کے دامن پر
دریا دریا خون بہایا جائے گا

قاتل شہر کا رکھوالا بن جائے گر
سارے شہر کو پھر دفنایا جائے گا

تُو نے بھی تو آخر سچ بولا ہے حبیبؔ
زہر کا جام تجھے بھی پلایا جائے گا

نویدِ صبح

شکووں کو اُٹھا رکھو
آہوں کو دبا رکھو
بے سود ہے یہ رونا
آنسو کو چھپا رکھو

گو وقت کٹھن ہے یہ
اور وار بھی ہے کاری
ایسے میں تو شانوں پہ
ہے بوجھ بہت بھاری
یوں ضرب لگانا ہے
کچھ کر کے دکھانا ہے

دل روئے، ہنسی لیکن
چہروں پہ سجانا ہے
جو خواب ادھورے ہیں
دامن میں بچا رکھو
شکووں کو اٹھا رکھو

مشکل کی گھڑی ہے یہ
ظلمت کا بسیرا ہے
پت جھڑ کا ہے یہ موسم
اشکوں کی جھڑی ہے یہ
کیا غم جو اندھیرا ہے
آنے کو سویرا ہے
سورج کے نکلنے تک
تم دل کو بچا رکھو
قدموں کو جما رکھو
شکووں کو اٹھا رکھو

ہے تجھ کو قسم یارا
ہمّت کو جواں رکھنا
اس مادرِ ملّت کو
سینے سے لگا رکھنا
یہ جنگ ہے نفرت کی
اس میں نہ اُلجھ جانا
مٹی کی محبّت کو
آنکھوں میں سجا رکھو
ہاتھوں میں ہے جاں جب تک
پرچم کو اٹھا رکھو

دیس جلتا رہا

وقت کروٹ پہ کروٹ بدلتا رہا
لوگ چلتے رہے
حکمراں اپنے چہرے بدلتے رہے
لوگ تکتے رہے
ایک نے مردِ مومن کا پہنا نقاب
دیس جلتا رہا
خادمِ اعلیٰ ہم پہ مسلط ہُوا
لوگ پستے رہے
روٹی کپڑے کا نعرہ لگا ایک دن
لوگ بھوکے رہے
کچھ شریفوں کو بھی یاں پہ مسند ملی
سر سے چادر گئی
اور زرداری بھی ہم پہ قابض ہوئے

قرض چڑھتا رہا
کوئی منبر سے نفرت اُگلتا رہا
لوگ سُنتے رہے
نفرتوں کی فصلیں اُبھرتی رہیں
لوگ مرتے رہے
خواب قائد کا کرچی ہُوا اس طرح
لوگ سوتے رہے
وقت کروٹ پہ کروٹ بدلتا رہا
دیس جلتا رہا

یادگارِ شہدا، ۶ ستمبر ۱۹۶۵

رکھنے کو تیری چاہت کا جاناں بھرم
ہم چلے آئے، لائے جہاں تک قدم
لب پہ حرفِ دُعا، دل میں قندیلِ غم
یوں چلے آئے دل کی گواہی پہ ہم
اپنے ہاتھوں میں لے کر ستادہ علم
صبحِ آزادی پہ ہم جو وارے گئے
اے وطن تیری راہوں میں مارے گئے

نارسائی اگر اپنی تقدیر تھی
تیری الفت مگر اپنی تدبیر تھی
راہِ شوقِ طلب میں اُٹھا کے قدم
چھوڑ کے شکوۂ غم چلے آئے ہم
جاں گنوا کے رکھیں گے تِرا یہ بھرم
اے وطن تیری خاطر ہیں قربان ہم
صبحِ آزادی پہ ہم جو وارے گئے
اے وطن تیری راہوں میں مارے گئے

ایک اور اُداس عید

پارہ چنار، کوئٹہ اور کراچی والوں کے نام

معجزہ یہ بھی کسی روز دِکھایا جائے
قاتلوں کو مِرے، مقتل میں گھسیٹا جائے

میں کہ مقتل میں رہوں محوِ تماشہ اور پھر
میرے قاتل کو سوئے دار بھی لایا جائے

آہ کیا سرخ ہے معصوم ہتھیلی پہ یہ نقش
رنگ ایسا تو حنا سے نہ بنایا جائے

ان کا معصوم لہو ان کے بدن میں بہتر
میری مٹّی کو مِرے خون سے سینچا جائے

کیسا ماتم ہے کہ رُکتا ہی نہیں جانِ حبیبؔ
کاش اِس عید کو خوشیوں سے منایا جائے

اُس دیس کا اللہ حافظ ہو

جس دیس کے قاتل اور غنڈے
شُرَفا کہلائے جاتے ہوں
قانون جہاں پہ اندھا ہو
انصاف خریدا جاتا ہو
جہاں پیسہ سب کچھ ہوتا ہو
اور خون غریب کا بکتا ہو
اُس دیس کا اللہ حافظ ہو

بندوق کو تان کے جسموں پر
تعظیم جہاں پر ہوتی ہو
جہاں جان کی قیمت سستی ہو
آٹا اور چینی مہنگا ہو
ایمان جہاں پہ بکتا ہو
منبر پہ جاہل واعظ ہو
اُس دیس کا اللہ حافظ ہو

جہاں بجلی پانی عنقا ہو
اور آٹے دال کا جھگڑا ہو
جہاں پانی خون سے سستا ہو
اور خوف رگوں میں بستا ہو
جہاں سچّائی اک گالی ہو
اور جھوٹ جہاں پر جائز ہو
اُس دیس کا اللہ حافظ ہو

جس دیس میں غاصب لیڈر ہوں
اور لیڈر سارے گیدڑ ہوں
جہاں اپنی جان بچانے کو
لوگوں کو گھسیٹا جاتا ہو
جہاں بھید چھپانے کی خاطر
مزدور کا خون بھی جائز ہو
اُس دیس کا اللہ حافظ ہو

جہاں روٹی کپڑا اور مکان
کے جھوٹے دعوے ہوتے ہوں
کچھ نوٹ دِکھا کے غریبوں کے
جہاں ووٹ خریدے جاتے ہوں
پھر ٹیکس کے نام پہ مظلوموں کو
خوب نچوڑا جاتا ہو
اُس دیس کا اللہ حافظ ہو

جس دیس میں ماؤں بہنوں کی
عزّت کو خطرہ لاحق ہو
جہاں مزدوروں کے بچّوں کو
تعلیم بھی دینا ناحق ہو
جہاں آج بھی بیٹوں کی خاطر
بیٹی سُولی پر چڑھتی ہو
اُس دیس کا اللہ حافظ ہو

جس دیس کے اپنے رکھوالے
جب قاتل خونی بن جائیں
اور جانیں قوم و ملّت کی
صرف چند ٹکوں میں بِک جائیں
جس دیس میں کاروبار فقط
بھتہ دے کر ہی چلتا ہو
اُس دیس کا اللہ حافظ ہو

جس دیس میں اپنے بچّوں کو
بد معاش بنایا جاتا ہو
اپنا حق لینے کی خاطر
ہتھیار اُٹھایا جاتا ہو
تعلیم جہاں پہ بکتی ہو
اور ڈگری بھی ناجائز ہو
اُس دیس کا اللہ حافظ ہو

جاہل ملّا اور پیر فقیر
جہاں پیشوا جانے جاتے ہوں
جہاں گدّی نشینی پرکھوں کی
میراث بتائی جاتی ہو
جہاں ہاری کی اولاد اب بھی
کھیتوں میں گھسیٹی جاتی ہو
اُس دیس کا اللہ حافظ ہو
مِرے دیس کا اللہ حافظ ہو

ننھے جانباز

روزِ محشر فرشتے بصد احترام
دیں گے تم کو کچھ ایسے خدا کا پیام
داغ زخموں کے پھولوں میں ڈھل جائیں گے
اور چمکیں گے ایسے کہ جیسے جو اں
اپنی وردی پہ پہنیں بڑی شان سے
فخر سے ہمتوں، جرأتوں کے نشاں

گردشِ دوراں

دور رہ کر بھی جو اس دل میں رہا کرتے ہیں
لوگ ایسے بھی ہیں مر کر جو جیا کرتے ہیں

شمع جلتی ہے اندھیرے میں اُجالے کے لیے
گھر ہمارے یہ، اُجالوں میں جلا کرتے ہیں

بیچ منجدھار میں تم چھوڑ چلے ہو ہم کو
دو قدم غیر بھی یاں ساتھ چلا کرتے ہیں

تم اندھیروں سے عبث ہم کو ڈراتے کیوں ہو
ہم کہاں گردشِ دوراں سے ڈرا کرتے ہیں

صرف چلنے سے سفر طے نہیں ہوتا لوگو
بند آنکھوں سے کہیں رستے ملا کرتے ہیں

جس زمیں کے لیے اجداد ہوئے تھے قرباں
ہم اُسی مٹّی کا بیوپار کیا کرتے ہیں

ہم کہ مٹّی ہیں سو مٹ جائیں گے اک روز حبیبؔ
جو مٹیں پیار میں وہ لوگ جیا کرتے ہیں

بیروت کا دکھ

کیوں ہاتھ گریباں پر ہیں ترِے
کیوں وحشت تجھ پر طاری ہے
یہ کونسا واقعہ ایسا ہے
آواز جو تجھ کو اُٹھانی ہے
ہُوا قتل کسی کا آج پِسَر
کل اور کسی کی باری ہے
یاں انسانوں کی بستی میں
جنگل سا نظام ہی جاری ہے

جو اُجڑی کسی کی گود اگر
تو کون سا غم یہ بھاری ہے
آنگن بھی اُس کا خالی تھا
اب گود بھی اُس کی خالی ہے
ہو کوئی پہر بھی دن کا یہاں
ہر آن ہتھیلی پر ہے جاں
ہر سانس ہے خُود پر نوحہ خواں
یہ کیسی ماراماری ہے
یاں جینا بھی دُشواری ہے
جنگل سا نظام ہی جاری ہے

ہر روز ہی ایک تماشا ہے
کوئی آج گیا، تو کل کوئی
یہی قرض سبھی کو چُکانا ہے
یہی مرضی ہے آقاؤں کی
اِن نام نہاد خُداؤں کی

نفرت کا کھیل پنپتا رہے
اور موت کا رقص بھی چلتا رہے
یہ سبز آنکھیں اور بھورے بال
چٹی چمڑی یا گورے گال
کُچھ کام نہیں اب آئے گا
اور مشرقِ وسطیٰ کا پیرس
بیروت فقط کہلائے گا

لاہور والوں کے نام

کہیں شہر جل رہے ہیں کہیں لوگ مر رہے ہیں
ہم ہیں کہ زندگی کے اسباب کر رہے ہیں

کس کا یقیں کروں اور کس کس کو آزماؤں
لکھوں کس کے نام آخر جو ستم گزر رہے ہیں

ہو کراچی یا پشاور، ہو کوئٹہ یا کہ لاہور
انسانیت ہے مُردہ انسان مر رہے ہیں

اللہ کا نام لے کر عیسیٰ کا نام لے کر
انسان مارتا ہے انسان مر رہے ہیں

انساں ہوں کس صدی کا، مِرا فعل کس صدی کا
کہیں بم برس رہے ہیں بمبار مر رہے ہیں

بھلا کس کے پاس جاؤں کسے حالِ دل سناؤں
سب اپنی زندگی میں نئے خواب بھر رہے ہیں

ہیں بہت حبیبؔ آساں، یہ جزا سزا کی باتیں
یہ جو بڑھ رہی ہے نفرت، سو عذاب اُتر رہے ہیں

لکھو

چارسدّہ والوں کے نام

کٹے ہاتھوں سے بھی تو عَلَم اُٹھ سکتا ہے
انگلیاں تراش کے بھی تو قلم بن سکتا ہے
ہو لہو میں گرمی تو ڈبو کر انگلیاں
جنوں یوں بھی تو اپنی کتھا لکھ سکتا ہے
لکھو کے اب یہاں کوئی درندہ نہ رہے گا
میرے بچوں کا قاتل اب زندہ نہ رہے گا
لکھو کے جو ہاتھ تھپک کے سلا سکتے ہیں
پڑے جو وقت تو ہتھیار اُٹھا سکتے ہیں
لکھو کہ اب ظلم کا اندھیرا نہ ہو گا
اس خون کے صدقے اب سویرا تو ہو گا
لکھو میرے دیس میں اب ظلم نہ پنپ پائے گا
”خون پھر خون ہے ٹپکے گا تو جم جائے گا“

دیس سے جانے والے سُن

"دیس سے آنے والے بتا" سے متاثّر ہو کر

دیس سے جانے والے سُن
دیس اب بھی پہلے جیسا ہے
بجلی تو تب بھی جاتی تھی
بجلی تو اب بھی جاتی ہے
پہلے تو کنڈہ پڑتا تھا
اب میٹر اُلٹا چلتا ہے
تب بھی یہی گرانی تھی
اب بھی یہی گرانی ہے
کس بات کی پھر حیرانی ہے
بات وہی پرانی ہے
دیس سے جانے والے سُن
دیس اب بھی پہلے جیسا ہے
دیس کا حال بھی ویسا ہے

ویگن اب بھی چلتی ہے
ویسے ہی جان اٹکتی ہے
ویسے ہی ہوتا ہے چالان
ویسے ہی جاتا ہے ایمان
مسجد میں جوتے کے بدلے
اب فکر چُرائی جاتی ہے
جعلی ملا اور پیر فقیر
اسلاف بتائے جاتے ہیں
مسجد کے منبر سے خود کش
بمبار بنائے جاتے ہیں
زیست ہے اب بھی بے قیمت
اور ہر سُو مارا ماری ہے
دیس سے جانے والے سُن
دیس اب بھی پہلے جیسا ہے
دیس کا حال بھی ویسا ہے

اب جان کی قیمت لگتی ہے
ایمان کی قیمت لگتی ہے
بکتی ہے اب تعلیم یہاں
انسان کی غیرت بکتی ہے
ہیں چور لٹیرے سب لیڈر
انصاف کی کرسی بکتی ہے
دیس سے جانے والے سُن
دیس اب بھی پہلے جیسا ہے
دیس کا حال بھی ویسا ہے

جب دیس کو تم نے چھوڑ دیا
ان گلیوں سے ناطہ توڑ دیا
کس بات کی پھر پریشانی ہے
کیوں تجھ کو پھر حیرانی ہے
دیس سے جانے والے سُن
دیس اب بھی پہلے جیسا ہے
اور دیس کا حال بھی ویسا ہے

انداز پبلیکیشنز کی دیگر مطبوعات

ذرا موسم بدلنے دو	سلیم کوثر
دنیا مری آرزو سے کم ہے	سلیم کوثر
محبت اک شجر ہے	سلیم کوثر
یہ چراغ ہے تو جلا رہے	سلیم کوثر
خالی ہاتھوں میں ارض و سما	سلیم کوثر
میں نے اسمِ محمدّ صلی اللہ علیہ وآلہ وسلم کو لکھا بہت	سلیم کوثر
اندوختہ	انور شعور
می رقصم	انور شعور
مشقِ سخن	انور شعور
دل کا کیا رنگ کروں	انور شعور
ڈاؤ نامہ	ڈاکٹر حبیب خان
مجتبیٰ حسین اور فنِ طنز و مزاح نگاری	ڈاکٹر گُلِ راعنا
صدائے سُخن	خواجہ وہاب صابرؔ
ابھی ہم تمہارے ہیں	الماس شبی
کچھ خواب اُٹھائے پھرتا ہوں	فیاض الدین صائب

available on www.amazon.com

OR

www.andaazpublications.com